A PROPOS DU PROCÈS DE TOULOUSE

LES GRÈVES

ET LE DROIT COMMUN

DROIT DE COALITION

IL N'Y A PAS DE DROIT DE GRÈVE

LE LOUAGE A LONG TERME

PAR

ÉNÉE BOULOC

AVOCAT

Prix : **1** Fr. **50**

PARIS

LIBRAIRIE GUILLAUMIN & CⁱᴱE, ÉDITEURS

14, rue Richelieu, 14.

TOULOUSE

LIBRAIRIE SOUBIRON FRÈRES

9, rue de la Poste, 9.

1897

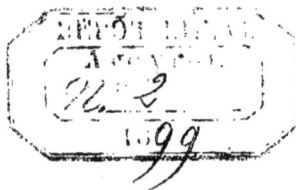

A PROPOS DU PROCÈS DE TOULOUSE

RODEZ - IMPRIMERIE LOUIS LOUP

A PROPOS DU PROCÈS DE TOULOUSE

LES GRÈVES

ET LE DROIT COMMUN

DROIT DE COALITION

IL N'Y A PAS DE DROIT DE GRÈVE

LE LOUAGE A LONG TERME

PAR

ÉNÉE BOULOC

AVOCAT

Prix : **1** Franc **50**

PARIS

LIBRAIRIE GUILLAUMIN & Cᴵᴱ, ÉDITEURS
14, rue Richelieu, 14.

TOULOUSE

LIBRAIRIE SOUBIRON FRÈRES
9, rue de la Poste, 9.

1897

AVANT-PROPOS

La DÉPÊCHE, *qui nous a fait l'honneur de publier cette étude, entre autres choses trop flatteuses, disait :* « *Nous ne partageons certes pas toutes les idées de l'auteur, et sur quelques-unes d'entre elles, peut-être nos lecteurs eux-mêmes feront-ils des réserves. La* DÉPÊCHE *se fait cependant un devoir de donner une tribune à toutes les opinions qui se recommandent par leur bonne foi d'abord, par leur libéralisme ensuite, et enfin par leur originalité* ».

En réunissant aujourd'hui les parties, fatalement trop coupées, de cette publication, nous ne demandons pas d'autre témoignage de ceux qui nous liront encore.

Ce travail donne incontestablement une vue nouvelle de la question des grèves.

Si cette vue est juste, de grandes conséquences pourraient en résulter.

Si elle est fausse, nous aurons cette excuse :

C'est icy un livre de bonne foy, *uniquement inspiré des idées de droit et de justice.*

Elle nous permet d'affronter le jugement impartial des hommes de tous les partis, qui recherchent exclusivement dans cette voie l'apaisement social et le développement du progrès.

Rodez, le 15 Mars 1897.

E. B.

PREMIÈRE PARTIE

IL N'Y A PAS DE DROIT DE GRÈVE

CHAPITRE PREMIER

LE CONTRAT DE TRAVAIL ET LA LÉGISLATION

Le procès de Toulouse a déjà fourni le thème
de la plus mémorable discussion sur les grèves. Nous nous proposons cependant de la
reprendre, non au point de vue des faits —
articles de journaux ou discours fidèlement
reproduits, sur lesquels on est d'accord —
mais au point de vue de la législation et des
principes que cette législation consacre. Il
ressortira de ce travail, nous en avons la
ferme conviction, en même temps que l'ex-
plication de l'obscurité laborieuse de ces débats
et de l'incertitude finale que laisse la décision
des magistrats de Toulouse, la constatation

de l'un des plus funestes sophismes juridiques et sociaux de notre temps.

En matière civile, la législation applicable aux grèves est plus que succincte. Jusqu'en 1890, elle a tout entière tenu dans les articles 1780 et 1781 du Code civil, qui règlent le louage de services. On pourrait même dire que le contrat de travail dans l'industrie n'a pas été prévu par les auteurs de ce Code. L'article 1781, abrogé par la loi du 2 août 1868, portait, en effet, que « le maître est cru sur son affirmation pour la quotité des gages, pour le paiement du salaire de l'année, etc. », ce qui vise évidemment les domestiques de ville ou des champs.

Quoi qu'il en soit, la jurisprudence a pris l'article 1780 comme règle ordinaire, en l'absence de convention expresse, de la durée du contrat de travail dans l'industrie. Or, comme d'après cet article, « on ne peut engager ses services qu'à temps ou pour une entreprise déterminée », et que, fatalement, le contrat aurait pu durer à vie, s'il avait fallu attendre le concours concomitant de la volonté du patron et de l'ouvrier, elle décidait, en principe, qu'à défaut de convention sur le temps, l'ouvrier avait le droit d'abandonner le patron, le patron de congédier l'ouvrier, *ad nutum*, selon le bon plaisir de chacun.

Ainsi était violée, de la façon la plus formelle, par cette interprétation judaïque d'un texte étranger à ce cas, la règle générale et primordiale de tout contrat que pose l'article 1134 : « Les conventions légalement formées tiennent lieu de loi à ceux qui les ont faites. *Elles ne peuvent être révoquées que de leur consentement mutuel...*»

Ajoutons cependant, tout de suite, que les tribunaux portaient le plus souvent un tempérament au principe de la cessation du contrat à volonté et corrigeaient, en fait, ce qu'il pouvait y avoir d'abusif dans la licence de ces séparations. Selon les cas, ils accordaient des dommages au patron ou à l'ouvrier qui, de la rupture intempestive ou dolosive de l'engagement respectif, avait éprouvé un préjudice. La loi du 27 décembre 1890 n'a fait que sanctionner cette jurisprudence. Par elle, l'art. 1780 a été complété ainsi :

« Le louage de service, fait sans détermination de durée, peut toujours cesser par la volonté d'une des parties contractantes.

» Néanmoins, la résiliation du contrat par la volonté d'un seul des contractants peut donner lieu à des dommages-intérêts.

» Pour la fixation de l'indemnité à allouer, le cas échéant, il est tenu compte des usages, de la nature des services engagés, du temps écoulé, des retenues opérées et des versements effectués en vue d'une pension de retraite, et, en général, de toutes les circonstances qui peuvent justifier l'existence et déterminer l'étendue du préjudice causé.

» Les parties ne peuvent renoncer à l'avance au droit éventuel de demander des dommages-intérêts ».

On le voit, ce n'est là qu'une ébauche de législation du contrat de travail, avec un principe détestable sur sa durée et un correctif excellent. Il eût été mieux de les concilier ainsi : « En l'absence de convention, la durée du contrat est déterminée par les circonstances. » Cette rédaction dirait tout et aurait l'avantage de ne pas créer une sorte d'irrespect du libre contrat, qui doit rester la base de toute société.

Nous essaierons de montrer plus loin que cette loi, dont l'article 2 est spécial aux ouvriers des chemins de fer, n'est qu'un premier pas, et que le louage de services, bien plus important que le louage de choses, doit être, en raison même des abus qu'il engendre, minutieusement réglementé par la loi civile.

Si le contrat de travail a été oublié dans le Code civil, il n'en a pas été de même dans la Loi pénale. Sous tous les Gouvernements, à commencer par la Révolution, le régime de l'industrie, à l'encontre surtout des travailleurs, tient une large place dans ses défenses.

Le dernier état de la législation se trouve aujourd'hui dans les articles 414 et 415 du Code pénal, tels qu'ils ont été modifiés par la loi du 25 mai 1864.

Au point de vue qui nous occupe, l'article 414 est seul à retenir.

En voici le texte :

« Sera puni d'un emprisonnement de six jours à trois ans et d'une amende de 16 francs à 5,000 francs, ou de l'une de ces deux peines seulement, quiconque, à l'aide de violences, voies de fait, menaces ou manœuvres frauduleuses, aura amené ou maintenu, tenté d'amener ou de maintenir une cessation concertée de travail, dans le but de forcer la hausse ou la baisse des salaires ou de porter atteinte au libre exercice de l'industrie ou du travail. »

Cette disposition est d'une clarté littérale parfaite. Et, en effet, il y a eu unanimité d'interprétation.

Voici comme l'article 414 a été entendu :

Puisque n'est puni seulement que « quiconque, à l'aide de violences, voies de fait, menaces ou manœuvres frauduleuses aura amené ou maintenu une grève », toutes les grèves, non caractérisées par un de ces quatre moyens, ne sont pas *défendues*.

Et jusque-là, en effet, c'est d'une logique irréfutable.

Mais l'on continue : Ce qui n'est pas défendu est permis ; ce qui est permis mérite respect ; ce qui mérite respect porte avec soi un droit ; et, au moyen de ce raisonnement simpliste — il y en a un pareil dans le *Roman de la Rose* —

tenant, d'un côté, la pratique de la grande
industrie, où rarement une durée fixe est assi-
gnée aux embauchages ; de l'autre, la disposition de principe — sans le correctif — de l'article 1780 qui fait cesser un pareil contrat, à
la volonté de chacun, on en est arrivé à proclamer en tout temps, en tout lieu, en toute
circonstance, sans réserves, le *droit de grève.*

Prenez le premier homme politique, le
premier jurisconsulte, le premier économiste
venus, et prenez, au choix des grèves, la
plus inexcusable, — il en est quelques-unes
— et le politique, le jurisconsulte, l'économiste interrogés répondront avec résigna-
tion : « Qu'y faire ? C'est le droit des ouvriers ».

Par réciprocité, il est fatal que les mêmes
hommes vous disent au sujet des licencie-
ments les plus odieux : — on en cite encore
quelques-uns — « C'est le droit des patrons ».

C'est ceci, on le devine, qui est excessif.

On sait, d'ailleurs, comment, avec de pareil-
les conceptions, qui sont des encouragements,
les uns et les autres en ont usé.

Le résultat, le voici : Les grèves sont devenues une des plus grandes calamités de notre siècle. Le capital découragé, le travail aigri ; leurs rapports naturels d'association et de solidarité devenus un régime d'hostilité, où dans chaque camp on ne croit progresser qu'en faisant le plus de mal à l'autre ; des efforts réciproques à peine déguisés d'asservissement ou de spoliation ; la haine des classes qui monte enfin, s'exaspérant de toutes les misères et de toutes les ruines qu'elle cause elle-même, telles sont les conséquences de ce fléau nouveau, intermédiaire entre la guerre et la famine, dont il réunit les dangers. Selon le parti dans lequel on se range, par sa naissance, par sa condition, par ses tendances naturelles ou par choix une fois fait, l'attitude de l'autre paraît absolument intolérable.

On conçoit alors combien un homme du tempérament de M. Rességuier, que les circonstances ont si souvent jeté dans la lutte aigüe, doit en ressentir, à son point de vue, l'amertume et l'injustice, et l'on s'explique aussi comment, après un triomphe de fait, il a voulu épuiser la victoire en portant devant les tribunaux la cause de toute l'industrie, qu'il a cru personnifier.

Ce dernier sentiment a évidemment quelque chose d'exagéré qui, en passionnant outre mesure le débat, l'a beaucoup obscurci. Il ne dépend pas, en effet, d'une personnalité, si haute soit-elle, de rattacher au sort de ses intérêts privés la solution d'une des crises les plus redoutables et les plus complexes d'une période économique ; pas plus qu'il ne dépend de l'autorité judiciaire, statuant dans une espèce particulière, après laquelle il faudra juger forcément d'autres espèces, de « déterminer le salut ou le signal de la débâcle », ainsi que l'écrivait, le jour de l'ouverture des débats, le journal de M. Rességuier.

Mais, malgré cette amplification bien excusable d'un grief surtout personnel, la tentative de M. Resseguier n'en est pas moins caractéristique et digne d'intérêt, en ce qu'elle constitue le premier effort sérieux pour faire rentrer les grèves dans le droit commun en les soumettant, comme tous les autres conflits, à la décision souveraine des juges.

Malheureusement, que peuvent devenir, en matière de grèves, les interrogations et les réponses de la justice, si, hormis les cas de fraude, de violences ou de manœuvres frauduleuses, qui ne peuvent qu'être le fait de quelques-uns, la loi les légitime toutes ? Que peuvent les tribunaux, en présence du *droit de grève ?*

Aussi bien, M. Rességuier, cédant au courant général, n'a rien tenté là-contre. Mais, ayant à demander réparation du préjudice que lui ont causé les ouvriers en quittant leur travail, il s'en est pris, reconnaissant formellement leur droit, à deux journaux et un député qui n'avaient pas pu abandonner son usine, et pour cause..., mais qui auraient encouragé les premiers au chômage ?

Et voici sur cette demande étrange la double sentence des juges :

« Attendu, qu'en quittant avec ensemble l'usine, les ouvriers ont *détruit le contrat de travail* qu'ils avaient accepté ; que c'était leur droit ».

Voilà pour les ouvriers.

Voici pour les défendeurs au procès :

« Attendu que nul n'a le droit de s'immiscer dans les affaires d'autrui, sans y avoir soi-même un intérêt réel ».

Et la Cour donne moralement raison aux auteurs directs du dommage causé à M. Res-séguier, si dommage il y a eu, et condamne M. Jaurès, la *Dépêche* et la *Petite République*, comme complices d'un tort qu'elle-même dé-clare ne pas exister !

De tels considérants, aux conséquences si contradictoires, qui s'expliquent par le désir fort louable assurément de « déterminer le salut », désiré de tous, suffisent à montrer, et l'erreur des magistrats qui ont rendu l'arrêt, et la difficulté inextricable du procès, dans les conditions où il leur a été soumis.

Le second, qui atteint directement la liberté de la presse, a été suffisamment relevé par les journaux, au fond les plus intéressés, comme la consécration du plus pur égoïsme et la négation des plus belles vertus sociales.

Mais le premier est plus particulièrement grave. Il domine le procès Rességuier et, par delà, toute la question des grèves. Il pose en

effet dans les termes les plus formels, les plus plus brutaux même, le principe du *droit de grève* dont il spécifie le vice essentiel, *la rupture du contrat*, qu'on n'aperçoit pas tout d'abord.

Si, avec cette précision, ce principe est juste, inclinons-nous et laissons monter le flot, dussions-nous être submergés; si ce n'est qu'un sophisme, il y a peut-être quelque chose à faire

CHAPITRE II

Y a-t-il un droit de grève, ou, pour employer les expressions caractéristiques de l'arrêt de Toulouse, les ouvriers ont-ils le droit, en abandonnant, séparément ou avec ensemble, leur travail, de détruire le contrat qu'ils avaient accepté ?

Faire grève implique, en effet, pour tous ou pour partie des ouvriers, la cessation, avant son expiration, de l'engagement qu'ils avaient contracté.

« Faire grève, dit M. Gide, c'est s'entendre pour refuser de continuer le travail ».

« La grève, dit M. Cauwès, c'est l'interruption simultanée du travail ».

On se rend compte, en effet, que les ouvriers n'auraient pas besoin de se concerter pour cesser leur travail, si leur travail était fini, et jamais, à aucune époque de notre histoire, même sous la Révolution, alors que tout conciliabule des ouvriers était interdit, on n'a songé à faire un crime à des ouvriers de se refuser à s'embaucher. Ce qui était puni, c'était le conciliabule, non le refus de travail; cessation de travail, disent toutes les lois sur la matière, depuis cette époque.

Dans ces conditions, parfaitement circonscrites, examinons la question.

Le principe général qui règle les rapports des hommes entre eux, c'est l'obligation du contrat.

L'art. 1134 du Code civil le formule en ces termes énergiques : « Les conventions légalement formées tiennent lieu de loi à ceux qui les ont faites. » Et comme toute loi doit avoir une sanction, les art. 1146 et suivants l'assurent au moyen des dommages-intérêts, auxquels doit être condamné, celui qui manque volontairement à son obligation, envers celui qui l'a stipulée. Dans les obligations synallagmatiques, la sanction est réciproque.

D'un autre côté, tous les hommes étant égaux, ce principe ne semble comporter aucune exception. On n'en conçoit pas l'idée de la part d'un architecte, d'un grand entrepreneur, par exemple, pour ne pas sortir du contrat de louage, qui ont promis l'édification d'une maison ou l'exécution d'un travail; et, dans la sphère des plus humbles, chaque jour les juges de paix condamnent les domestiques ou les ouvriers agricoles, qui quittent leur service, au même titre que les maîtres, qui les renvoient sans motif.

Et d'où tirerait-on une dérogation aussi exorbitante au droit commun, en faveur des ouvriers de l'industrie, qui sont égaux aux autres citoyens et veulent le paraître avec raison ?

De l'article 1780 du Code civil ?

Mais ce texte en est la condamnation la plus formelle. Sans doute, pour la sauvegarde de la liberté humaine, qui pourrait être compromise par des engagements personnels à vie, il a posé la règle, en cas de non fixation par les parties de la durée du contrat, de la cessation à la volonté de chacune ; mais aussitôt, le paragraphe second ajoute, ainsi que nous l'avons vu, ce correctif indispensable, essentiel : « Néanmoins, la résiliation du contrat par la volonté d'un seul des contractants peut donner lieu à des dommages-intérêts. Pour la fixation de l'indemnité à allouer, etc. » Qu'est-ce à dire, sinon que la rupture du contrat, sans motifs personnels de chacun des ouvriers, même dans ce cas qui peut n'être qu'exceptionnel de non fixation de durée, est un acte illicite et condamnable ?

Aussi M. Fabreguettes a-t-il raison de dire, dans sa brochure : « Si ce texte était invoqué dans la pratique par les employés ou les travailleurs; si, surtout, la politique ne se mêlait pas aux conflits, il devrait être un obstacle, non seulement aux brusques congédiements, issus du pur caprice ou à l'abandon subit de l'atelier, mais encore *aux grèves* ».

Avons-nous besoin de faire remarquer de nouveau, en passant, que toute grève entraîne la cessation de travail, aussi bien des ouvriers dont l'engagement exprès durait encore, que de ceux qui, d'après l'usage, devaient être considérés comme embauchés ou à la semaine ou à la journée, et que le grand art, dans la grève comme dans la guerre, consiste à *mobi-liser* à l'improviste pour surprendre *l'ennemi* et lui faire le plus de mal ?

Mais la Cour n'entre même pas dans ces distinctions que ne comporte pas, d'ailleurs, la théorie du droit de grève. Pour elle, comme pour tout le monde, c'est un bloc et sans faille.

Il n'y a pas de droit de grève en droit civil.

———

CHAPITRE III

I

Précédents et motifs de la loi

Reste la loi du 25 mai 1864 et, comme on argumente de son texte et de son esprit, il ne sera pas inutile d'en faire un rapide historique :

La Révolution, préoccupée surtout d'empêcher la reconstitution des anciennes corporations, s'est montrée, on le sait, très sévère pour les coalitions.

Par une contradiction qu'on lui a justement reprochée, elle les a prohibées sous les peines les plus sévères ; et cela, presque au moment où elle proclamait la liberté du travail, dont elles sont au contraire le corollaire et la garantie.

Ainsi, la loi des 14-17 juin 1791 réprimait les coalitions des ouvriers des villes, et celle des 28 septembre et 6 octobre, celle des ou-

vriers des campagnes. Et, par coalition, il
ne faut pas seulement entendre la grève à
l'état déclaré ; les deux mots ne sont pas
absolument synonymes, et il faut bien se
garder de les confondre, comme on le fait
souvent. La grève, c'est le chômage ; tandis
que la coalition, c'est l'entente, le concert des
ouvriers qui, le plus souvent amène la grève,
mais aussi peut déterminer la continuation
ou la reprise du travail.

Or, les lois précitées punissaient aussi bien
la simple entente entre ouvriers, dénuée
d'effet et avant même la tentative de grève,
que la grève elle-même. Cette rigueur se
maintint, mais dans un autre esprit, dans
toutes les lois subséquentes sur la matière :
la loi du 23 nivôse an II, celle du 22 germinal an XI, le Code pénal de 1807 et la loi
du 27 novembre 1849. Tout leur effort se borna
à ramener un peu d'égalité entre les coalitions des patrons et les coalitions d'ouvriers
et, depuis la loi du 22 germinal, à subordonner la culpabilité à la tentative de grève. A
ce point de vue, on pourrait dire que la
coalition pure était déjà permise.

Mais, dès que la tentative de grève s'était produite, peu importait la justice de la cause qui lui avait donné naissance ; le délit existait.

La lecture d'un arrêt de la Cour de cassation du 24 février 1859 (Sir. 59. 1,630), fera mieux sentir à quel excès d'injustice la loi, même dans une époque libérale, peut quelquefois atteindre. C'est à propos de la grève des ouvriers papetiers, Foujedoire et autres :

« Attendu, dit l'arrêt, que les articles 414 et suivants du Code pénal ont pour objet d'assurer la liberté industrielle et commerciale, en réprimant toute contrainte ou pression, soit de la part des ouvriers, soit de la part des patrons, qui serait de nature à porter atteinte à cette liberté ; — qu'il y a contrainte ou pression sur les patrons, toutes les fois que les ouvriers d'une ou plusieurs fabriques, agissant par suite d'un concert, quittent à la fois les ateliers, même après avoir donné les avertissements prévus par les règlements, en réclamant des modifications aux conditions actuelles de leur travail, soit en ce qui concerne la fixation des salaires, soit en ce qui concerne la fixation des heures de la journée ou de la tàche de chaque jour ; — *qu'il importe peu que les causes de cette réclamation puissent paraître en elles-mêmes légitimes ;* que la loi, en effet, exclusivement préoccupée de protéger la liberté de l'industrie, a puni la coalition indépendamment de ses motifs, et par cela seul que les ouvriers, qui se sont concertés, agissent collectivement, avec le but, en suspendant ou en tentant de suspendre le travail, de forcer les patrons d'en modifier les conditions ;

« Et attendu, en fait, qu'il est constaté par l'arrêt attaqué que les prévenus et leurs camarades se sont concertés pour émettre simultanément une réclamation, qui leur paraissait légitime ; que cette réclamation avait pour objet que la journée fût ramenée aux conditions précédemment établies en 1853 et qu'ils ont obtenu de plusieurs fabricants la modification qu'ils demandaient ; qu'à la vérité l'arrêt déclare *qu'ils n'ont quitté les ateliers qu'après avoir donné à l'avance congé à à leurs patrons en se conformant aux lois et règlements sur la police des papetiers ;* mais que le même arrêt constate que les ouvriers des quatre fabriques, au

nombre desquels se trouvaient les sept prévenus, *ont donné congé à leurs patrons, et qu'ils
ont en effet quitté les ateliers après six semaines ;*
que les faits ainsi constatés constituent le délit
prévu par le deuxième paragraphe de l'article 414, etc. »

L'iniquité d'une pareille législation saute
aux yeux.

Au point de vue économique, elle empêchait
les ouvriers de s'entendre pour la fixation des
conditions de leur travail et les mettait dans
une situation d'infériorité à l'égard des patrons
dont la coalition, suivie de renvois concertés
entre eux, quoique défendue, était presque
toujours insaisissable. Mais, de plus, les travailleurs étaient complètement à la merci d'un
seul patron, puisqu'il dépendait de celui-ci
d'aggraver à leur égard les conditions antérieures de leur engagement, sans qu'il fût
possible de répondre à ses exigences par
l'abandon *simultané* de l'atelier, seul moyen
pour eux de défense un peu efficace. Et
voici leur position : Le départ d'un seul restait sans effet et le départ de plusieurs qui,
individuellement, était cependant irréprocha-

ble, devenait aussitôt répréhensible. C'était là, en même temps que la violation de la liberté du travail, l'écrasement de la classe ouvrière.

Au point de vue pénal, ce régime était plus monstrueux encore. D'après les principes du droit criminel, la répression n'est légitime que si l'acte qu'elle atteint est moralement délictueux ou viole, tout au moins, une prescription d'ordre social immédiat.

Or, l'ancien article 414 punissait la coalition, *quelque légitime qu'elle pût paraître*, et alors même qu'elle était reconnue telle et les motifs, qui l'avaient inspirée, agréés par les patrons.

En vain encore, les ouvriers se conformaient-ils à toutes les lois et à tous les règlements, et, comme dans l'espèce de l'arrêt cité, ne cessaient leur travail qu'après avoir donné congé *six semaines* à l'avance; la loi ne les en frappait pas moins d'amende, de prison et, dans certains cas, de la surveillance de la haute police.

Enfin, la loi dépassait sa mission en intervenant dans les contrats privés au profit d'une catégorie de citoyens contre une autre.

Voilà les griefs presque unanimes que soulevait la législation antérieure.

Sous la pression de l'opinion publique et des nécessités gouvernementales, l'Empire dut proposer une modification nouvelle des articles 414, 415 et 416, et la loi du 25 mai 1864 fut votée.

II

Le sens de la loi

Ces précédents et ces motifs, brièvement résumés, suffisent à en préciser le sens. Les articles abrogés frappaient de peines toute tentative de grève, quelque juste qu'en fut la cause, quelque modéré qu'en fut l'exercice ; l'article 414 nouveau ne punira désormais, dans les grèves, que les actes de violence ou les manœuvres frauduleuses, qui les auront déterminées. Les premiers faisaient intervenir l'Etat entre le patron et l'ouvrier pour régler leurs rapports de travail. « Or, ce droit n'appartient pas à l'Etat ». (Paroles de M. Cornudet, commissaire du gouvernement.) Et l'Etat ne doit plus protéger que la liberté individuelle.

En termes plus brefs, les lois précédentes créaient un délit là où le texte nouveau le supprime.

Suppression du délit de grève simple, c'est toute la loi.

Mais le principe de l'obligation du contrat civil a-t-il été atteint? Pas le moins du monde. Le texte ne le dit pas. Implicitement il ne peut enfermer le droit de grève. Les lois pénales, en effet, ne créent point de droits; leur caractère propre, c'est de porter une sanction plus forte à certaines obligations de la loi naturelle ou civile. Mais ces dernières leur restent antérieures et supérieures.

Quand donc, dans l'adoucissement graduel des mœurs, le Code pénal diminue ou supprime une peine, le fait visé ne change pas de nature au regard de la conscience ou du Code civil.

Les premiers Romains chargeaient de chaînes leurs débiteurs obérés; lorsque le Préteur eut tempéré cette sévérité de la loi, l'obligation de payer ses dettes n'en resta pas moins fondamentale.

Le même exemple se présente chez nous avec une analogie plus frappante encore.

La loi de 1867 a supprimé la contrainte par corps pour toutes les dettes civiles.

Dira-t-on que la loi de 1867 accorde le droit de ne pas payer ses dettes ?

De même cette loi supprime les peines du stellionat.

Donne-t-elle le droit d'être stellionataire ? Pourquoi donc peut-on dire que la radiation au Code pénal du délit de grève crée le droit de rompre le contrat du travail ?

Pas plus que cela ne se trouve dans le texte, cela n'est ni dans l'esprit, ni dans le caractère de la loi et la nature des choses.

III

Interprétation par les travaux préparatoires

Aussi, M. Goblet, qui croyait devoir appuyer sa remarquable défense de la *Dépêche* sur le postulat du *droit de grève*, a-t-il semblé avoir quelque hésitation et quelque scrupule sur son fondement, puisqu'il a cherché à le démontrer.

Et sa démonstration, il l'a puisée, non dans la rédaction du texte qui ne pouvait surprendre un esprit aussi précis, mais dans la discussion de la loi et particulièrement dans le rapport de M. Emile Ollivier. C'est là, qu'on nous permette de le dire d'abord, une base difficilement acceptable pour une dérogation aussi extraordinaire aux principes généraux que serait le droit de grève ; et si les lois, en général, devaient se ressentir de toutes les paroles et de toutes les appréciations individuelles des membres du Parlement, leur interprétation n'en serait certes pas facilitée.

Mais, sous cette réserve théorique, il ne nous déplaît pas de continuer notre démonstration du non-droit de grève avec les travaux préparatoires de la loi. Malgré certaines contradictions ou imprécisions dans la bouche du rapporteur, on peut affirmer, en effet, que dans la discussion, soit au sein de la Commission, soit au Corps législatif, les obligations du contrat civil ont été *formellement* réservées.

M. Goblet a cité ce passage de M. Ollivier : « L'idéal serait de permettre les coalitions qui sont justes et de prohiber celles qui ne le sont pas. Malheureusement, il n'existe aucun moyen de distinguer les unes des autres. Les défendre toutes est contraire aux principes. Les permettre toutes serait contraire à la prudence, si la société restait sans garantie. La garantie, où le législateur va-t-il la chercher? Est-ce dans les responsabilités pénales ou civiles? Non, la garantie, nous la plaçons dans le mal que se feront à eux-mêmes les imprudents qui abuseront du droit de se coaliser ».

De même, M. Ollivier disait en résumant la loi : « Liberté de coalition à tous les degrès ! ».

Mais ce langage, si on ne perd pas de vue la nature pénale de la loi, ne peut avoir que ce sens: Supprimant le délit, le législateur de 1864 n'avait pas à rechercher d'autres garanties contre les abus des grèves. Ce n'était pas sa mission à lui, alors surtout qu'il croyait trouver ces garanties dans leur liberté même. Liberté donc au point de vue de la loi pénale !

Au reste, tout doute est levé par ce passage, où le rapporteur aborde la question de front et la résout avec la plus grande clarté.

Rappelant la discussion, qui avait eu lieu au

sein de la Commission, M. Emile Ollivier
disait :

« La minorité, qui croit la loi insuffisante,
a surtout insisté sur le danger des grèves
subites et intempestives. « Dans certains moments, a-t-elle dit, une suspension de travail
non prévue, c'est la ruine de l'industriel. Puisque vous accordez à l'ouvrier le droit de se
coaliser, exigez au moins qu'il en use avec
loyauté ; qu'avant de se mettre en grève, il
avertisse le patron et lui accorde un certain
délai ; ou bien, adoptez le système belge :
érigez en délit la rupture des engagements
lorsqu'elle a lieu en exécution d'un concert
préalable ».

— « La majorité de votre commission, après
mûr examen, n'a pas cru qu'il fût sage d'adop-
ter ces idées. Il lui a paru contraire aux
principes de retarder par un délai légal l'exercice du droit des ouvriers. Les contrats ne
naissent que de la volonté des parties ; le
législateur peut en subordonner l'existence à
des conditions déterminées ; il n'a pas la puissance d'intervenir dans le domaine réservé à
la liberté contractuelle et d'édicter d'office une

condition dans un contrat d'ailleurs régulier.
Si les ouvriers sont engagés à la journée, on
n'a pas le droit de leur imposer l'obligation
de continuer leur travail malgré eux, durant
un certain nombre de jours. S'ils ont contracté des engagements, il est inutile de créer
un délai légal, puisque de l'engagement lui-
même naît un délai contractuel. Il en est de
même en l'absence de tout contrat exprès,
lorsque la coutume établit tacitement un lien
d'une certaine durée entre le maître et l'ouvrier ».

Et quelques lignes plus loin, après avoir
rappelé le système belge, qui ne propose de
peine contre la coalition subite que lorsqu'elle
est formée pour violer des engagements préexis-
tants, M. Ollivier ajoutait : « Si le système
belge est irréprochable en droit, il est criti-
quable en fait. Nous ne connaissons pas l'embarras de l'industriel surpris par une grève et
nous trouvons indigne la conduite d'ouvriers qui
profiteraient d'une situation engagée pour rompre
leurs contrats. Mais nous ne croyons pas que le
système belge puisse rien contre un pareil danger.

» *De plus* (en l'adoptant), *on s'expose à ce que l'ouvrier, peu familier avec la distinction du droit civil et du droit criminel, supposant licite ce qui échappe à la peine, arrive peu à peu à ne plus considérer, comme obligatoire civilement, la partie de l'engagement dont la violation n'entraine pas une intervention de la justice correctionnelle, et qu'ainsi, ne s'affaiblissent en lui les sentiments d'honneur qui, en l'ennoblissant, donnent aux patrons leur meilleure garantie.* »

C'est donc pour ne pas affaiblir la portée du contrat que la loi française, différente en cela de la loi belge, ne punit pas de peines correctionnelles les grèves survenant pendant sa durée !

Et ce n'est pas le seul endroit du rapport où cette vérité est mise en évidence.

Un membre de la commission avait formulé un amendement qui consacrait, en termes exprès, le droit de grève.

Voici cette proposition avec les raisons du rejet qu'en donne M. Emile Ollivier :

« L'honorable M. Napoléon de Champagny nous a proposé d'ajouter à l'article premier :

« Art. 2. — La loi n'accorde aucune action

pour l'exécution des engagements réciproques, pris dans une coalition entre patrons et ouvriers, ayant pour but de forcer la hausse ou l'abaissement des salaires, alors même que cette coalition ne tomberait pas sous l'application des art. 414, 415 et 416, du Code Pénal. »

— « La question soulevée par cet amendement est sans nul doute d'un sérieux intérêt, *mais comme elle se rattache au droit civil et non au droit pénal,* nous n'avons pu, à notre grand regret, l'examiner avec l'attention qu'elle méritait ».

Et si nous passons à la discussion au Corps législatif, nous retrouvons au moins une fois, à propos précisément de l'amendement Buffet, que rappelait encore M. Goblet, le même témoignage de certitude.

M. Buffet avait proposé l'amendement suivant, qui était en quelque sorte la reproduction de l'amendement de M. de Champagny :

« Seront punis (de telle peine) les ouvriers, qui auront quitté leurs travaux ou les patrons qui auront fermé leurs ateliers, avant l'expiration du délai réglementaire porté au livret de l'ouvrier ; ce délai sera de quinze jours quand il n'y aura pas de délai porté au livret. »

Et M. Cornudet, commissaire du gouvernement, fit considérer cet amendement comme inutile par les motifs que voici :

« La loi du 22 juin 1854 sur les livrets contient une disposition qui donne une garantie au moins égale à celle qu'établirait l'amendement, et bien suffisante pour empêcher les ouvriers de quitter leurs ateliers d'une manière subite et sans avoir accompli les engagements qu'ils ont envers leurs maîtres. En effet, la loi de 1854 dit d'une manière expresse qu'aucun industriel ne peut prendre un ouvrier qui ne serait pas muni d'un livret en *règle ;* elle explique que le livret en règle, c'est celui qui est revêtu du visa d'acquit des engagements de l'ouvrier. Puis elle ajoute que tout ouvrier dont le livret n'est pas en règle, c'est-à-dire revêtu du visa d'acquit, est passible d'une peine qui peut aller jusqu'à cinq jours de prison.

» En sorte que, vous le voyez, l'ouvrier est dans cette situation que, s'il quitte son atelier sans avoir rempli ses engagements, tous les ateliers lui sont fermés. Si j'en crois les renseignements pris auprès d'industriels belges, la législation de Belgique sur les livrets ne contiendrait pas de disposition semblable ; et je comprends alors que la Chambre des industriels de ce pays ait voulu y suppléer par la disposition, qui a été inscrite dans le projet de loi, adopté par cette Chambre, et qu'on voudrait introduire dans notre loi, où évidemment *elle n'est pas* NÉCESSAIRE ».

Ainsi encore, si une sanction pénale n'a pas été portée à la violation de l'engagement civil, c'est parce que l'obligation du livret a paru une garantie du contrat au moins égale. C'est donc que ses auteurs en voulaient le respect.

N'est-ce pas décisif ?

CHAPITRE IV

Mais, de ce que la loi de 1864 n'a pas créé ce privilège d'iniquité que serait le droit de grève, il faudrait bien se garder de rien conclure contre le droit de coalition. Le droit de coalition, méconnu par la loi de 1791, a été respecté par elle comme la principale garantie de la liberté du travail. Et qu'on ne nous accuse pas de subtiliser. La distinction de l'un et de l'autre s'impose en la matière et elle a, du reste, été faite avec la plus grande précision par le rapporteur de la loi. Voici en quels termes s'exprimait encore M. Emile Ollivier :

« Pour *déconsidérer* les coalitions, on affecte en général de les confondre avec les grèves; comme pour les défendre, on s'obstine à les assimiler aux associations. Aucune de ces affirmations n'est exacte. La grève est sans doute un effet possible de la coalition, mais elle n'est pas la coalition. Se coaliser, c'est proprement, au sens exact, s'entendre, se concerter, prendre une décision en commun sur les conditions du travail. La grève peut suivre ou ne pas suivre ; elle est la sanction de la coalition, elle ne constitue pas la coalition elle-même.

» La coalition peut-être conduite à employer *ce moyen extrême ;* elle peut aussi se dénouer sans y recourir et, grâce à une transaction ou à l'abandon des prétentions irréfléchies, ne pas sortir de la période toute pacifique de l'accord et des négociations. Il n'est pas plus exact de dire que la coalition c'est la grève, qu'il ne le serait, parce que le gendarme peut être appelé à prêter main forte, de définir la loi : l'intervention du gendarme. » Et de même il trace les caractères de la coalition, association momentanée, comparés à ceux de l'association permanente que devait définitivement reconnaître la loi du 21 mars 1884.

Et c'est en partant de ces principes certains, avec la plus grande faveur pour l'un, le droit de coalition, droit primordial et essentiel, avec la tolérance seulement de la loi pénale pour l'autre, le fait de grève, que le

rapporteur pouvait dire, après une peinture
des plus vives des malheurs des grèves : « La
certitude des rudes épreuves, réservées à ceux
qui y entreront, est un des motifs principaux
en faveur de la liberté des coalitions... Avec
le temps, la liberté de coalition tuera les
grèves. »

C'est là le côté essentiellement libéral de
la loi : Droit de coalition absolu, tolérance
pénale de la grève.

Voici le côté restrictif, mais cependant nécessaire at au-dessus de toute critique. A la
place de l'ancien délit de coalition et de grève,
création d'un double délit :

1° Délit d'atteinte à la liberté de *l'industrie*
pour protéger le patron contre les actes de
violence ou les manœuvres frauduleuses dont
il pourrait être victime ;

2° Délit d'atteinte à la liberté du *travail* pour
défendre les ouvriers dans les mêmes conditions. Protection, en un mot, de la liberté
individuelle des uns et des autres.

En résumé, la coalition et la grève ne sont
pas deux faits identiques. La grève implique

bien la coalition; mais la coalition peut n'être pas suivie de grève.

On entend par coalition le refus concerté entre plusieurs ouvriers de *s'engager* à travailler au compte d'autrui, et aussi le refus concerté après l'expiration d'un premier engagement de le renouveler. Ce droit fondamental, prohibé par la loi de 1791, n'a plus été contredit par les lois subséquentes. Toutes emploient le mot « cessation du travail ». C'est là ce qui la différencie de la grève. La grève signifie donc une *cessation* concertée de l'engagement exprès ou tacite de travailler et conséquemment — ce terme apparaît tout à fait saillant dans la pratique — une rupture du contrat de travail.

Or, quelque injustifiée que soit cette rupture, de quelque mauvais sentiment qu'elle procède, avec quelque brutalité et quelque dommage qu'elle se produise, la loi pénale ne la punit plus, exception faite pour les actes personnels de violence ou de fraude, qui atteignent la liberté du travail de l'ouvrier ou la liberté de l'industrie du patron.

Mais en retour, et par le seul effet de cette

rupture, toute grève, même excusée dans ses motifs et modérée dans ses effets, est illicite en droit naturel et civil. En un mot, il n'y a pas de droit de grève en violation du contrat, parce que la grève, avant comme depuis la loi de 1864, reste soumise au droit commun.

Et, s'il fallait encore à cette démonstration, fatigante à force d'évidence, un définitif et inéluctable argument, il suffirait de reproduire le texte de l'article 2 de la loi du 2 juillet 1890 sur les livrets d'ouvriers :

« Le contrat de l'ouage d'ouvrage entre les chefs et directeurs des établissements industriels et leurs ouvriers est soumis *aux règles du droit commun.* »

CHAPITRE V

Si cette interprétation paraît exacte, le lecteur voudra bien nous permettre d'en faire l'application au procès de Toulouse. On y verra, avec la clarté d'une démonstration par le fait, à quelles impossibilités juridiques la demande de M. Rességuier s'est heurtée, du commencement à la fin des débats.

Nous avons déjà fait remarquer que, du moment où M. Rességuier reconnaissait le droit de grève aux ouvriers, auteurs directs du dommage, il tombait en contradiction en voulant le faire réparer par M. Jaurès et deux journaux, qui n'en seraient, en tout cas, que les auteurs indirects.

Nous pourrions adresser encore cette critique à sa cause :

L'art. 414 dit : « Quiconque aura amené ou maintenu la grève, *dans le but* de forcer la hausse ou la baisse des salaires, ou encore de porter atteinte au libre exercice de l'industrie et du travail ».

Or, quelle a été la cause de la grève de Carmaux et du Bousquet? Le renvoi de Baudot et de Pelletier, c'est-à-dire le dessein des ouvriers de protester par un acte de solidarité avec leurs camarades expulsés, contre ce qu'ils croyaient être une atteinte à leur liberté politique et syndicale. D'après eux, Baudot et Pelletier expiaient les torts de leur participation au congrès de Marseille et de leur rôle militant pour la défense de leurs intérêts. Ils n'ont pas eu d'autre but incontestablement, et l'article 414 ne s'appliquerait pas, du moins au début de la grève.

Mais passons. Là n'est point, pour nous, le vice capital du procès.

Dès le renvoi de Baudot et de Pelletier, qu'il fût ou non justifié, tous les autres ouvriers se mettent en grève.

Ils ont rompu leur contrat; ils ont eu tort, selon nous, pleinement tort.

Mais, quelques jours après, et à la suite de l'heureuse intervention de M. Jaurès, qu'il est juste de retenir, ils veulent reprendre leur travail.

Que se passa-t-il alors ?

M. Rességuier — et c'était son droit strict — leur dit :

« Votre conduite dicte la mienne. J'aurais le droit de m'en plaindre ; j'aime mieux vous imiter et rompre mon engagement envers vous, comme vous avez rompu le vôtre envers moi. Le passé est fini entre nous. Si vous tenez à rentrer à l'usine, ce ne sera qu'à d'autres conditions, que voici. Jusqu'à ce que vous les ayez acceptées, vous êtes libres envers moi ».

Et les ouvriers ayant *repoussé ces nouvelles conditions*, reprirent leurs carnets... et leur repos.

Quel est le caractère juridique de ce nouveau conflit ?

Est-ce là une grève qui se continue avec la persistance de la rupture du contrat ancien ?

Non, c'est une grève qui se clôture par la résiliation commune de ce contrat.

Est-ce une grève qui recommence ?

Non, puisqu'il n'y a plus de lien qui unisse

les ouvriers à leur ancien patron. Désormais, en droit, ils lui sont aussi étrangers que s'ils ne s'étaient jamais connus, que les verriers sans travail de toute autre usine de France.

Ce n'est plus la grève alors, c'est la coalition dans sa forme la plus sacrée, celle qui consiste à n'accorder son travail qu'aux conditions qu'il plaît, à tous et à chacun, d'imposer.

Et, de quel droit M. Rességuier voudrait-il contraindre les ouvriers de Rives-de-Gier, par exemple, à venir souffler ses verres ?

Et d'où dériverait de même une pareille obligation pour ses anciens ouvriers ?

M. Rességuier déclare avoir éprouvé un préjudice de deux cent mille francs par suite de ce refus. Dans cette voie de contrainte au travail ne risquerait-il pas de se faire dire qu'il avait spéculé sur leur sueur ce gain illicite ?

Après tout, les ouvriers sont aussi bons juges de ce point-là que M. Rességuier. Pourquoi n'a-t-il pas accepté leurs conditions au lieu de vouloir leur dicter les siennes ?

Et, si M. Rességuier n'avait aucun droit, ni civil, ni moral, à obliger ses anciens ouvriers à accepter le nouveau contrat qu'il leur proposait, sa cause devient encore moins bonne, quand il se retourne contre les défenseurs des ouvriers.

Conçoit-on d'abord, dans le principe de leur intervention, quelque chose qui ne soit très juste, très digne, très louable? Secourir les petits de ses conseils, de sa bourse, de son talent, de sa plume, de toutes ses forces, n'est-ce pas le plus noble des devoirs, *le devoir social ?*

Comment, sans les conseils de M. Jaurès et la campagne des deux journaux poursuivis, les ouvriers, dites-vous, seraient rentrés à l'usine !

Mais alors vous comptiez sur leur ignorance ou sur leur misère pour les réduire? L'aveu en serait clair.

Oui, mais leur intervention a été abusive, mensongère, frauduleuse ! Et qu'importe, puisqu'elle aurait servi à démasquer un calcul inavouable ? *Nemo creditur suam.........*

Et aussi bien, sans attacher au raisonne-

ment qui précède d'autre portée intrinsèque
que celle d'une argumentation logique, qu'importe cette intervention vis-à-vis de vous,
M. Rességuier, qui n'aviez aucun droit au
travail qu'elle aurait empêché ?

Car toute la question est là. Pas de droit,
pas d'action ; et pas de droit au travail des
ouvriers, pas de dommage corrélatif à leur
refus de travailler.

Ce principe indiscutable fait évidemment
obstacle à l'application dans la cause de l'article 414.

Aussi l'on va voir comment la cour de
Toulouse, après l'avoir cependant posé, a fini
par le méconnaître :

« Attendu qu'il a été démontré que ces
faits — les actes reprochés aux défendeurs —
qui ont eu pour résultat la prolongation de
la grève, ont causé par cela même un préjudice à Rességuier ;

» Attendu, en effet, qu'on ne saurait com-
parer une grève à un divorce ; — nous le
disons bien, mais il n'y a pas grève — que
les parties ne sont pas considérées comme
invariablement désunies ; que tous les efforts

du législateur tendent ici à rapprocher les
parties en présence et à mettre fin à une
crise toujours fâcheuse, sinon ruineuse pour
les ouvriers comme pour le patron ;

» Que sans doute la liberté du travail, la
rupture du contrat de travail, paraissent *im-
pliquer que la grève en soi, quelle que soit sa prolongation et sa durée, ne peut pas créer ouverture à dommages pour le patron,* puisque les
ouvriers ont le droit absolu, dont ils usent à
leurs risques et périls, de rester en état de
chômage.

» Mais qu'il importe de savoir si cet état
ne s'est pas perpétué à cause de la nature
et des conseils illicites qui leur ont été
fournis ».

Ainsi la Cour déclare d'abord que le préjudice, causé à un patron par la grève,
pourrait ne pas créer ouverture à dommages, si la grève était un véritable *divorce ;*
quelques lignes plus loin, elle établit ce divorce en proclamant le droit de grève, et
finalement elle condamne M. Jaurès comme
« directeur de la grève ! »

Quelle imprécision sur le fait, quelle con-

tradiction en droit, quelle pétition de principe, quelle laborieuse erreur !

Mais allons plus loin.

Sans faire cette distinction entre le chômage
par refus de contracter et la grève absolue
par rupture de contrat, au cas même de délit
civil, il nous semble impossible de donner
comme base à la réparation pécuniaire, récla-
mée par le patron, les actes de pression de
l'article 414, commis par les tiers interve-
nants sur les ouvriers.

Remarquons d'abord combien il est difficile
de ramener la preuve de cette intervention
sur la détermination ou la durée de la grève.
La grève est un acte collectif. Or, les cas
délictueux prévus par l'article 414, violences,
manœuvres frauduleuses, très compréhensi-
bles sur des individus, sur un petit nombre,
ne peuvent guère s'admettre sur la masse des
ouvriers. Comment faire alors le départ entre
l'influence de l'erreur et de l'intimidation des
uns et de la libre volonté des autres ?

Il paraîtrait plus vraisemblable de dire que
le petit nombre n'a fait que suivre le courant
de la majorité éclairée.

Mais enfin, supposons qu'il en puisse être autrement et que tous les ouvriers d'une usine ont été poussés à la grève par les menaces ou les manœuvres frauduleuses de meneurs étrangers.

Ceux-ci, le procureur de la République les poursuit en vertu de l'article 414.

Mais qui aura le droit d'exercer l'action civile pour la réparation du préjudice causé par ce délit ?

Les ouvriers ? Ce n'est pas douteux. *On a porté atteinte à la liberté de leur travail.*

Mais le patron, de quel droit viendrait-il se plaindre ?

De deux choses l'une :

Ou les ouvriers contesteront avoir été frauduleusement abusés ou influencés, et le patron ne pourrait que leur répondre : « Vous êtes tous des imbéciles ou des poltrons », ce qui serait un jugement aussi outrecuidant que téméraire et ne trancherait rien. Ou, dans le même sens, ils diront, à la façon de la femme de Sganarelle : « Nous voulons être violentés et trompés. De quoi vous mêlez-vous ? Si vous avez droit à notre travail que nous vous avons promis, vous n'avez aucune mainmise sur notre intelligence et notre volonté. Ceci vous est sacré. » — N'est-ce pas ce qui s'est produit à Carmaux ?

Ou bien, enfin, les ouvriers se diront victimes et porteront témoignage dans la demande du patron. — Et cette demande n'en sera pas moins irrecevable en vertu de la vieille maxime : « que nul en France ne plaide par procureur ». C'est aux ouvriers à venger leurs propres griefs et à recourir eux-mêmes à la justice.

Ce n'est que dans l'hypothèse inverse, c'est-à-dire dans le cas où le patron a été directement l'objet des machinations des tiers dans ses rapports avec ses ouvriers, qu'il peut les poursuivre. Mais encore faut-il, pour qu'il puisse demander réparation, qu'il ait éprouvé un dommage de l'atteinte portée à *la liberté de son industrie*.

Or, ce ne peut être le cas de M. Rességuier qui se fait gloire d'en avoir triomphé, sans concessions et sans faiblesse.

Ainsi, de quelque façon qu'on envisage le procès de Toulouse, il est impossible de ratta-

cher juridiquement le dommage résultant de
la grève aux agissements des défendeurs.

Il y a une confusion évidente dans la demande entre les deux cas, absolument tran-
chés, de l'article 414 : atteinte à la liberté du
travail, atteinte à la liberté de l'industrie ;
il y a surtout une méconnaissance profonde
de l'esprit qui a dicté la loi et dont témoigne,
entre autres paroles, cette citation de Stuart
Mill, faite par le rapporteur :

« La loi ne doit point punir la simple *contrainte morale résultant d'une expression d'opinion ;* c'est à l'opinion plus éclairée à dimi-
nuer cette contrainte en rectifiant les sentiments moraux de la population ».

Et c'est sous un régime démocratique que
l'on essaie de recréer les délits d'opinion !

Notez, d'ailleurs, que ceux qui condamnent
ainsi la liberté de la parole et de la presse
dans les grèves, reconnaissent le droit de
grève et admettent en tout cas la légitimité
des souscriptions pour les alimenter.

De telle sorte que M. Jaurès aurait pu ver-
ser des millions dans la caisse de chômage
de ses électeurs, pour les empêcher de ren-

trer à l'usine, ce qui vraisemblablement eut été déterminant sur la durée de leur absence, mais il lui demeure défendu de leur prêter le concours de sa voix, bientôt impuissante, comme on l'a vu, malgré sa grande éloquence.

C'est une nouvelle contradiction.

S'il est impossible d'établir une corrélation juridique entre l'intervention de M. Jaurès, de la *Petite République* et de la *Dépêche* et le dommage résultant pour M. Rességuier de la grève de Carmaux, et, par conséquent, de plier l'article 414 au jugement de l'affaire, il ne reste plus que des reproches de diffamations, d'injures, de calomnies, établis ou non établis, prescrits ou non prescrits, qui peuvent être poursuivis en vertu de la loi sur la presse ou de l'article 1382 du Code civil; mais le différend ne mérite plus de nous occuper.

CHAPITRE VI

Reprenons notre démonstration :

. Quand un sophisme est aussi général que le droit de grève, il servirait de peu d'avoir montré, pour le combattre, l'erreur d'interprétation des textes de la loi. Tout le monde ne peut pas se tromper par les mêmes raisons de tête que les jurisconsultes. Il doit y avoir des raisons plus simples, par lesquelles se détermine la foule. La principale, ici, c'est le sentiment universellement répandu de la nécessité des grèves.

Avec cet amour touchant pour les classes souffrantes, *charitas pauperum et miserorum,* qui sera la caractéristique et l'honneur de notre siècle; encore, par un esprit de réaction toute naturelle contre l'oppression industrielle, dans laquelle elles avaient été tenues par la privation des droits de coalition et d'association, l'opinion a fini par voir dans la grève, l'unique instrument de leur libération et de leur perpétuelle sauvegarde. Elle s'est peu préoccupée de son injustice, prête d'ailleurs à l'excuser comme la condition du progrès.

Or, il entre dans cette appréciation, à la fois, une équivoque et une erreur, qu'il importe de mettre en lumière.

Certes, la condition des ouvriers s'est beaucoup améliorée en France, depuis le libre régime des grèves. C'est aux grèves et, plus particulièrement, aux menaces de grèves, que les ouvriers doivent déjà le triomphe de quelques-unes de leurs revendications les plus légitimes : la hausse normale de leurs salaires, la diminution des heures de travail, l'adoucissement des règlements à l'intérieur de l'usine, leur indépendance au dehors, un plus grand respect de leur personne et de leur liberté, etc.

Avant la loi de 1864, pressés par le besoin, isolés, se faisant entre eux, par leur nombre, la plus redoutable concurrence auprès du chef d'industrie, riche, obsédé de demandes et qui, en tout cas pouvait attendre, ils restaient à sa merci. La faculté de grève, en solidarisant les intérêts du nombre, a rétabli un peu l'équilibre entre le travail et le capital et assuré, au profit des ouvriers, un plus équitable fonctionnement des lois économiques.

Ces heureux résultats ne sont pas contestables.

Mais sont-ils la conséquence essentielle de la grève, telle que nous l'entendons avec le vice initial de la rupture du contrat ?

La grève, nous l'avons vu, comprend deux termes : l'un absolument légitime, la coalition ou le groupement en faisceau des droits individuels pour la défense de l'intérêt collectif ; l'autre, la rupture du contrat, qui est l'injustice, élément évidemment subordonné, puisqu'il n'est que le mode d'exercice du premier ; et toute la question est de savoir si la coalition, se mouvant dans les limites de la justice, serait moins efficace pour les ouvriers.

Or, qu'on nous dise si la lutte de bonne foi, la résistance pacifique et annoncée, la *grève* enfin, si l'on veut employer ce mot, ne survenant qu'après l'expiration du contrat, ou, en défaut, après de suffisants délais de congé, ne produirait pas pour eux les mêmes heureux effets que les brusques et méchantes séparations.

Quel but poursuivent donc les ouvriers en se mettant en grève ? Ce n'est ni la ruine du patron, ni une définitive rupture avec lui, qui entraîneraient également la fin de tout travail et la misère. Ce qu'ils recherchent, ce qu'ils doivent désirer, après la mise en œuvre de leur résistance nécessaire, c'est, après tout, la réconciliation.

Or, la modération dans la réclamation de leurs griefs et la revendication de leurs droits, le respect de leurs propres obligations dans les reproches de manquements adressés au chef d'industrie, ne sont-ils pas les plus sûrs moyens d'une entente avantageuse ? Avoir mis le plus de bon droit et de mesure de son côté, c'est encore, en ces sortes de conflits, la principale garantie de succès. Et les ouvriers eux-mêmes le savent bien, qui pouvant épuiser le droit de grève, ne manquent jamais d'assurer, après la cessation du travail, la conservation de la mine ou l'entretien des hauts-fourneaux. C'est donc la coa

lition, si particulièrement puissante aujour-
d'hui par son organisation permanente en
syndicats, qui est l'élément prépondérant et
déterminant de l'efficacité des grèves. Quant
à la violation du contrat en elle-même, elle
paraît, au contraire, aller contre son but et
ne peut, en tout cas, servir la coalition, qu'à
la façon d'une arme empoisonnée, indigne
d'une lutte loyale, indigne du siècle et des
ouvriers qui s'en servent.

Distinction capitale à faire dans l'appréciation des effets des grèves, car elle montre
que toute atteinte portée au droit d'association, comme la tendance s'en manifeste par
moments, entraînerait une disproportion fâcheuse entre le capital et le travail, au préjudice de celui-ci. Distinction consolante, en
ce qu'elle fait encore ici justice de cette
funeste théorie du *mal nécessaire*, toujours
fausse quand il s'agit d'interpréter les actes
volontaires ; car, en niant le pouvoir des
hommes de s'amender, elle les endort dans
l'inertie et paralyse tout progrès. Distinction
consolante enfin, en ce qu'elle laisse entre-
voir que, pour sauvegarder leurs droits, les

ouvriers n'ont pas besoin de partir de l'injustice.

Mais ce n'est pas tout. Non seulement la grève, en tant que rupture du contrat, est inféconde, elle est encore pleine de dangers et nous allons voir qu'elle se retourne, de tout son poids d'iniquité, contre les ouvriers eux-mêmes.

On l'a souvent dit, sans trop en saisir les raisons, faute d'analyse : La grève est une arme à double tranchant, qui blesse à la fois les deux parties.

Or, qu'est-ce qui peut nuire aux ouvriers dans la grève ? Ce ne peut être leur concert ou leur refus de travailler, en dehors de toute obligation. Cette légitime résistance, même quand elle échoue, profite à leur cause, car elle bénéficie toujours de la sympathie de l'opinion, si puissante pour la défense de leurs intérêts.

Ce qui les atteint presque toujours, ce qui les frappe presque à tout coup et doit à la longue les briser, c'est la grève elle-même, avec la soudaineté de la rupture et l'esprit d'une guerre sans merci.

Et pourquoi ? C'est que ce ferment d'injustice que l'on a mis en leur faveur dans la grève, la violation du contrat, va lever aussitôt contre eux dans le droit réciproque du patron, et qu'au *droit de grève* répondra le *droit de licenciement*.

« Dès lors, la liberté du travail (lisez le droit de quitter l'usine à son plaisir) a pour corollaire essentiel, est-il besoin de le dire, la liberté de ne pas faire travailler, lisez, de congédier les ouvriers à volonté ». (FA-BREGUETTES, page 23).

O liberté !... disait madame Roland.

Travailleurs, voici les effets de cette liberté-ci : Vous décidez la grève après une commande. C'est bien. Mais le patron va décréter le repos après un approvisionnement. — Vous croyez qu'il va capituler dans un embarras financier ou dans la fièvre d'un achalandage à conquérir et, à la prochaine occasion, après un épuisement sagement dosé par une réduction des heures, il jettera tout son monde à la rue dans la faim et dans le froid. Voilà ce qui vous attend !

Qui pâtira le plus dans cette mêlée de la

mauvaise foi? Qui résistera le plus long-
temps ? Il est aisé de le deviner, en compa-
rant les risques des combattants. Du côté
des patrons, presque rien, un gain à faire,
dont peut toujours se passer une certaine
opulence. Et les ouvriers que mettent-ils dans
l'enjeu ? Tout, c'est-à-dire le pain quotidien et
la petite réserve de l'avenir !

Dans le droit, ils sont égaux et pourraient
combattre; dans ces conditions inégales de
lutte, peuvent-ils ne pas être battus ?

Aussi, les statistiques révèlent-elles que plus
des deux tiers des grèves se terminent à
l'avantage des patrons et, parmi celles qui
réussissent, les plus longues, le gain de
beaucoup est si faible, après d'extrêmes pri-
vations, qu'il faut souvent toute la vie de
l'ouvrier pour racheter la perte éprouvée en
quelques mois de luttes.

Le droit de grève, on peut le dire, envisagé
dans ses résultats généraux, crée par ricochet
une véritable supériorité au patronat, contre
lequel il est dirigé.

Les défenseurs en vue de la cause ouvrière
finiront-ils par le comprendre ?

Il est permis de l'espérer, quand on voit
l'un des principaux chefs du socialisme porter
sur la *grève générale* cette appréciation, dont
la sévérité ne peut être dépassée : « Le suc-
cédané honteux de la hideuse marmite. » Ce
sont les termes mêmes dont M. Jules Guesde
l'a flétrie, dans un récent manifeste.

Or, la *grève générale*, par laquelle on entend
solidariser les ouvriers du monde entier, ne
procède pas d'un principe différent que la
grève *sympathique*. On appelle ainsi, aux
États-Unis, la grève qui se déclare dans un
corps de métier par *sympathie* pour la grève
d'un corps d'état voisin, à laquelle on désire
venir en aide. Il y en a eu là-bas de for-
midables, et, on pourrait citer chez nous,
comme exemple d'une grève de ce genre,
celle des cochers de fiacre en faveur de
celle des cochers d'omnibus.

Et la grève sympathique, pour ne pas dire
contagieuse, ne diffère pas, enfin, à son extension près, de la grève habituelle, qui fait
épouser à tous les ouvriers d'une usine la
querelle d'un seul, par exemple aux ouvriers
de Carmaux ou du Bousquet, les griefs de

Baudot et de Pelletier. C'est toujours la même injustice, la même violence et le même état de guerre.

La condamnation de M. Jules Guesde les atteint également, ce qui, de la part d'un chef de parti, qui nous avait habitués jusqu'ici à moins de scrupules sur le choix des moyens, est, en même temps que la flétrissure nécessaire de la grève, la constatation de son impuissance et de ses dangers.

Elle résume admirablement et fort utilement nos idées.

DEUXIÈME PARTIE

LE LOUAGE A LONG TERME

CHAPITRE PREMIER

PROPOSITION DE LOI DE M. GOBLET

De ces données théoriques, une conclusion pratique se dégage et s'impose.

Les grèves sont injustes et dangereuses. Elles sont dangereuses et injustes seulement, en ce qu'elles violent le contrat, souvent tacite de travail, et parce qu'elles le violent. Le droit de coalition est nécessaire et sans dangers.

Il faut donc prévenir les grèves en raffermissant le contrat de travail, et, pour cela, le réglementer et le préciser dans sa forme, dans ses conditions intrinsèques et particulièrement sa durée.

Il faut compléter, en un mot, cette lacune du Code, dont nous parlions au début, par l'organisation du Louage d'ouvrage.

Deux hommes, dont l'autorité nous servira désormais d'encouragement et d'appui, M. Bourgeois et M. Goblet, sont arrivés par la seule intuition des nécessités politiques à proclamer presque à la fois, l'urgence de cette solution.

Dans son discours programme de Lyon, du 13 janvier 1896, M. Bourgeois disait : « Nous voulons qu'entre les associations de capitaux et les associations de main-d'œuvre, l'état contractuel s'établisse et remplace peu à peu l'état de lutte ».

Et M. Goblet, quelques jours avant, avait l'honneur de prendre l'initiative de cette réforme, en déposant sa proposition de loi sur le *Contrat de Louage de travail* (1).

Quoique cette proposition parte d'un point de vue différent du nôtre et que la réforme

(1) A la même époque nous publiions une première esquisse de ces idées, sous le titre : *Nouvel aperçu sur les Grèves*. (GUILLAUMIN.)

ne soit rattachée, dans l'exposé des motifs, qu'aux dangers et non à *l'injustice* des grèves, elle traduit fort exactement les conséquences des prémisses que nous avons posées, et, pour la continuation de notre raisonnement, il nous sera permis de nous en servir.

PROPOSITION DE LOI

ARTICLE PREMIER

Dans les usines, manufactures, mines, minières et carrières, chantiers et ateliers où le travail est permanent, aucun embauchage d'ouvriers ne pourra avoir lieu directement ou par l'intermédiaire des syndicats, qu'au moyen d'une convention écrite et signée par les parties ou par un mandataire désigné à cet effet.

Il en sera de même dans les ateliers et manufactures de l'Etat.

ART. 2.

La convention déterminera la durée du contrat de louage qui ne pourra être moindre d'une année, le salaire de l'ouvrier, les conditions de paiement et, s'il y a lieu, de participation aux bénéfices de l'industrie, les sommes qui devront être, soit prélevées sur les salaires, soit fournies par l'employeur, pour constituer les caisses de secours, d'assurance contre les accidents et de retraites.

ART. 3.

A la convention seront annexés les règlements intérieurs de l'entreprise, ainsi que les statuts des caisses de secours, d'assurance et de retraites. Ces pièces devront être paraphées par les parties.

ART. 4.

L'employeur ne pourra renvoyer l'ouvrier, ni l'ouvrier quitter l'entreprise avant l'expiration du contrat, sans motifs légitimes, sous peine d'être passible d'une action en indemnité, sur laquelle il sera statué par le juge de paix du lieu de l'entreprise.

En cas de renvoi non justifié, l'employeur sera condamné à payer à l'ouvrier congédié les salaires du temps restant à courir, sans déduction des prélèvements indiqués à l'article 2, et à lui rembourser les prélèvements déjà opérés ; la somme pourra être portée au double, à titre de dommages-intérêts.

L'ouvrier qui, sans motif légitime, aura quitté l'entreprise, avant le terme convenu, perdra le bénéfice des sommes prélevées sur ses salaires ; il pourra être condamné, en outre, à des dommages-intérêts.

ART. 5.

En cas de contestation sur l'application des règlements et des statuts visés à l'article 3, le différend sera réglé par le conseil permanent de conciliation, établi conformément à la loi.

ART. 6.

Si le contrat n'a pas été dénoncé par l'une ou l'autre des parties, un mois au moins avant son expiration, il sera prorogé de plein droit pour une durée égale à celle primitivement fixée.

ART. 7.

Dans toutes les entreprises visées par l'article premier, l'employeur devra se conformer aux prescriptions des articles 1, 2 et 3, dans le délai de trois mois de la promulgation de la présente loi.

ART. 8.

Toute contravention de la part de l'employeur aux dispositions visées par l'article précédent sera poursuivie devant le tribunal de simple police et punie d'une amende de 5 à 15 fr. En cas de récidive, le contrevenant sera poursuivi devant le tribunal correctionnel et puni d'une amende de 16 à 100 francs.

Sans vouloir entrer dans une discussion détaillée des divers articles de cette proposition, nous nous contenterons d'en souligner un point : l'obligation de l'écrit. Le signe matériel, en pareil cas, alors surtout qu'il s'agit de réagir contre l'usage, nous paraît, en effet, d'importance extrême. De même, nous nous permettons, avec toute la réserve qui convient, de ne pas approuver la disposition de l'article 4, qui, en cas de renvoi non justifié, circonscrit le pouvoir du juge pour la fixation des dommages. Nous dirons plus bas pour quels motifs.

Supposons donc cette loi votée et appliquée.

Ouvriers et chefs d'usine se trouvent réciproquement liés pour un an, pour six mois, pour une période moindre même, suivant la nature de l'industrie. Dans notre pensée cependant, le but à poursuivre serait plutôt l'extension de la durée de l'engagement, le *louage à long terme*. Ils sont liés par une convention écrite qui précise toutes les conditions de leur double obligation; le salaire, la nature et les heures du travail, les motifs d'absence, les délais du congé, etc.

Quelles garanties réciproques de confiance et de stabilité résulteraient immédiatement de cette pratique ! Plus d'équivoque possible sur la durée de l'obligation; plus d'atténuation ni d'excuse, en cas de rupture !

De quelque part qu'elle vint, la violation anticipée du contrat apparaîtrait brutale, odieuse, concrète. L'acte écrit se dresserait là, aussi efficace que pour un prêt, un dépôt ou une vente. Quel ouvrier, assez révolté contre toute

obligation sociale, a jamais méconnu la force
d'un engagement littéral? On pourrait soute-
nir que la vertu de l'écrit s'accroît presque
en raison inverse de l'ignorance et de la mauvaise foi de l'obligé. Et, comme nous trans-
portons au louage d'ouvrage les règles géné-
rales du congé et de la tacite reconduction,
le contrat se continuerait de trimestre, de
semestre, d'année en année pour les uns, se
dénouerait sans secousse pour les autres, sans
haine, en tout cas, et sans reproche d'injustice.

Et quels avantages des deux côtés!

Chez les ouvriers : le contentement présent,
fait surtout de la sécurité du lendemain; la
joie ineffable, pour un grand nombre d'entre
eux, pauvres parias vagabonds, de fixer enfin
leur tente, de s'attacher à un coin de ciel, à
des amis de plus d'un jour, à une famille; la
régularisation de l'industrie, sans les à-coups
de l'excès de production et des chômages qui
en résultent; comme suites encore de cette
possibilité constante de travail fixé, le développement de l'esprit d'économie, l'amour de
l'ordre, l'apaisement des esprits par l'apaisement des cœurs.

Chez le patron : avec une notion plus précise du respect des petits et de l'égalité des droits, à lui aussi rappelée par l'apposition des deux signatures en regard, la fin de cette appréhension perpétuelle de la révolte qui va éclater, insidieuse et lâche, et, tout à coup, de figures souriantes faire des figures de conjurés ; la sécurité encore nécessaire aux longues entreprises ; la réussite plus certaine et la gratitude envers les ouvriers qui y contribuent, se traduisant en créations nouvelles d'œuvres de bienfaisance : hospices, crèches, caisses de retraite, subventions de toute sorte, dégagées désormais de toute arrière-pensée de frein où de surveillance, qui empoisonne les meilleures...

La coopération amicale, enfin, du capital et du travail.

CHAPITRE II

SANCTIONS DE LA LOI. — LES SYNDICATS

Voici l'objection que l'on fait : Le contrat de louage de travail, le louage à long terme, c'est là une belle solution, en théorie. Mais la passion et le caprice sont si grands et il y a de si détestables habitudes ! Où sera la sanction finale d'un pareil contrat, s'il plaît au patron ou aux ouvriers, surtout aux ouvriers, de le violer ?

Dans ce qu'il a de général, cet argument ne porte pas, puisqu'on pourrait en dire autant de tous les contrats. Certes, ils ne sont pas précisément faits pour être violés, mais ils sont en tout cas prévus par le législateur, comme s'ils devaient l'être. On les viole, en effet, tous les jours, ce qui n'empêche pas de contracter.

La sanction, mais elle est, encore ici, dans les dommages-intérêts auxquels s'expose la partie qui manquerait à son engagement.

Voyons si cette garantie n'est pas suffisante.

A l'égard du patron, cela ne paraît pas douteux. Un chef d'industrie a presque toujours assez de surface pour répondre du dommage qu'il cause à un ouvrier, en le renvoyant injustement. Le tout seulement est de vouloir et d'assurer cette réparation entière. Or, il nous paraît qu'il y aurait quelque crainte à avoir, dans les engagements de courte durée, si le patron n'avait à redouter, dans son arbitraire vis-à-vis d'eux, qu'une somme de dommages jamais supérieure, ainsi que le propose M. Goblet, au double du salaire restant à courir.

Il faut prévoir, en effet, qu'il sera peut-être difficile, par le refus des uns ou des autres, d'arriver, dans la pratique, à de longs engagements de début. Seulement, par l'effet de la tacite reconduction, le louage d'un mois, par exemple, sera souvent devenu une promesse implicite de travail presque à vie. Or, dépendra-t-il d'un moment d'irritation du patron de briser tout cet avenir et lui sera-t-il permis, moyennant le paiement d'une somme pour lui dérisoire, de mater le refus d'un vote en sa faveur, ou même l'orgueil d'un coup de chapeau, par mégarde souvent, trop peu déférent ?

Voilà un verrier, par exemple, qui, à la suite d'un engagement pareil, s'est spécialisé pendant vingt ans dans un acte, toujours restreint et le même de son métier. Tirez-le de sa fonction habituelle. C'est un rouage qu'on enlève d'une machine. Il est impropre à tout autre travail et sa santé est usée. S'il est renvoyé sans motif, il est de justice impérieuse que le dommage soit basé, non seulement sur la privation du salaire mensuel, mais aussi sur les difficultés de sa nouvelle vie ! C'est pourquoi nous aimerions mieux, à ce point de vue, la disposition de la loi du 27 décembre 1890, qui, sans limiter le pouvoir du juge, lui permet de fixer les dommages d'après les circonstances. Ceci, au surplus, n'est qu'une question de détail.

Le défaut de sanction à l'égard des ouvriers est un argument plus sérieux. Les ouvriers ne sont pas riches, et, depuis l'abrogation du livret par la loi du 2 juillet 1890, il est

peu de moyens de les contraindre à l'observation de leurs engagements.

Le gréviste de profession ne sera pas dis-
tingué, auprès des patrons, qui ne le con-
naissent pas, de l'ouvrier le plus exact et
le plus fidèle et trouvera aussi facilement à
s'embaucher. Il n'y aura aucune garantie
pour le patron.

— Mais à qui la faute, sinon au patron
lui-même, et à nos mœurs publiques ? Pourquoi les chefs d'industrie n'exigeraient-ils pas
des ouvriers qui se présentent, ce certificat
d'exécution de leurs engagements antérieurs,
que ceux-ci, d'après cette même loi du 2
juillet 1890, auront le droit de se faire déli-
vrer à la sortie ? Comme nous l'avons dit
plus haut, tout est légitime dans cette voie.

Et pourquoi les ouvriers, au lieu de ces
certificats fugitifs, dont nul ne s'enquiert
aujourd'hui, tant ils sont disparates et sans
suite, ne songeraient-ils pas à rétablir en
leur faveur, non pas le livret deshonorant
de la législation impériale, mais, ce que
nous appellerions volontiers, leur *Livre d'or*,
parce qu'il porterait à chaque page le témoi-

gnage de leur vie laborieuse et de la fidélité ininterrompue à leurs engagements ?

Ne serait-ce pas là bientôt, avec un peu d'effort commun vers les idées de justice, une excellente garantie pour les uns et la meilleure recommandation des autres ?

Raisonnons cependant en dehors de cette hypothèse qui a, sans doute, le tort de ne pas faire un suffisant état de la passion courante et ne sortons pas des limites rigoureuses du droit, où nous nous sommes placé, et des contingences du jour.

Oui, il est vrai, la situation des ouvriers est moins brillante qu'il ne faudrait.

Pris individuellement, ils offrent moins de surface et de garanties que le patron. Ce n'est pas douteux.

Mais n'est-il pas excessif de dire de tous qu'ils sont dénués de ressources et de moyens de contrainte ? Un grand nombre d'entre eux possèdent incontestablement un petit avoir, qui constituerait un commencement de gage. Et, comme il est reconnu que les plus aisés sont justement les plus portés à la révolte, ce serait déjà une grande force enlevée aux grèves, que de les tenir par là dans le respect de leur engagement.

Mais nous voulons examiner l'argument dans toute la force qu'on lui donne et supposer que l'universalité des ouvriers n'a, ni maisonnette au soleil, ni meubles pour en garnir une, ni un livret à la caisse d'épargne, rien.

Qu'importe, dirons-nous, cette indigence individuelle ? L'ouvrier seul ne fait point la grève; sa rébellion privée est impuissante; il n'y a pas à en tenir compte.

Il suffit de pouvoir frapper la révolte collective, qui seule est désastreuse.

Or, les syndicats ouvriers, à l'heure actuelle, sont devenus le levier et le principal appui des grèves et les syndicats possèdent. Au lieu de la restreindre, augmentez leur capacité civile; au lieu de les tenir en suspicion, donnez-leur un libre essor, comme il convient sous une démocratie. Qu'ils puissent acquérir et recevoir sans aucune réglementation ni entrave, acquérir et recevoir des immeubles, ce qui rend plus difficile le moyen de les faire disparaître; que les associations ouvrières gagnent enfin en puissance bien-

faisante ce qu'elles perdront en moyens d'injustice, et leur indépendance et leur avoir
accrus deviendront le meilleur préservatif et,
en tout cas, le gage certain de leurs excès !

CHAPITRE III

Voilà le remède aux maux causés par les grèves. Il est simple; c'est le droit commun. Il est moral, puisque l'injustice s'y trouve résolue par la justice. Ajoutons que c'est là la seule solution logique et sans dangers.

Le contrat de travail, étant, en effet, un contrat civil, ne doit comporter que des sanctions civiles. C'est un anachronisme que de vouloir le sauvegarder par des mesures pénales. On n'incarcère plus les gens qui ne paient point leurs dettes, et, d'ailleurs, comme l'a écrit M. Ranc : « ce n'est pas une loi pénale qui empêchera les intéressés de se mettre en grève et on se trompe fort en comptant sur la sévérité des lois. On n'emprisonne pas des bataillons; on n'envoie pas en police correctionnelle des milliers d'hommes. »

En tous cas, si la récente loi Trarieux, qui réprime les grèves des ouvriers des chemins de fer ou des arsenaux de l'Etat, n'est pas impuissante à empêcher les maux qu'elle a voulu prévenir, elle aura toujours le tort grave, dans l'état de nos mœurs, de paraître une injustice, puisqu'elle proscrit, au regard de certains ouvriers, ce qui reste le *droit* solennellement proclamé des autres.

Un simple recours au droit commun eût suffi dans ce cas et, la mesure étant plus juste, aurait été aussi plus politique.

Illusion encore et excès, dans le sens opposé, la proposition de loi de M. Jaurès, espérant empêcher par l'amende « un employeur de renvoyer un salarié syndiqué, à raison de sa participation à un syndicat ».

L'employeur, s'il lui plaît, en risquera facilement l'aventure, et quand le ministère public le poursuivra pour ce nouveau délit, il sera bien maladroit s'il ne trouve pas cent raisons qui le préserveront d'une tache à son casier.

Mais, soit. La loi Jaurès assurera les libertés syndicales. Mais qui l'appliquera ? La justice. Il faut donc finalement aboutir à ce pas : l'autorité judiciaire, terme de tout conflit.

Pourquoi donc l'ouvrier n'y recourrait-il pas directement à la suite d'un renvoi injustifié qui le prive de son pain, et par ce seul motif, préjudice pour lui plus immédiat et au moins aussi grave que le péril syndical ?

Et pourquoi Baudot n'a-t-il pas fait juger, avec le concours du syndicat des verriers, qu'il était la victime des rancunes politiques de M. Rességuier ? Une condamnation pareille n'eût-elle pas mieux valu pour lui d'abord, et ensuite pour la liberté syndicale, que l'on prétendait servir, que toute la tempête de la grève ?

Que de malheurs eussent été ainsi évités !

Presque inutile aussi, on l'a bien vu, la loi sur l'arbitrage, et cela s'explique. Personne ne veut compromettre sur des droits certains, et là où il y a violation du contrat, la condamnation s'impose, sans ambages, sans tempéraments et sans réplique.

Quant à l'intervention des pouvoirs publics, c'est, de tous les moyens d'apaisement du conflit social et des grèves, le plus néfaste et le plus dangereux. Et il nous semble que les patrons et les ouvriers en ont assez souvent, et à tour de rôle, éprouvé l'impuissance ou l'arbitraire pour qu'ils désirent songer à s'en passer et à régler léurs différends entre eux, comme tous les citoyens.

Que les uns et les autres se rattachent donc au contrat de louage précis et sans équivoque ! Que les chefs d'industrie l'exigent de leurs ouvriers, en prenant toutes les garanties d'une fidèle observation. Ils ont un double gage. Qu'à l'égard de quelques meneurs, et avant de les embaucher, ils en ajoutent d'autres, s'il le faut, l'engagement moral par exemple, d'un ouvrier loyal, répondant de la loyauté future de son compagnon ! Dans cette voie, toutes les précautions sont légitimes et chacun doit rester le maître.

Qu'à leur tour, les ouvriers l'imposent aux chefs d'industrie !

On a dit que le contrat de travail serait pour eux une duperie, puisqu'ils ne pourraient refuser leur travail qu'au fur et à mesure de l'expiration de leurs contrats, qui peuvent se terminer à diverses époques.

C'est une objection sans portée, puisqu'il dépend d'eux de prendre des engagements cessant au même jour, ou encore, comme cela se pratique en Allemagne, un engagement collectif par la voie du syndicat. Dans ce dernier cas, ainsi que le fait remarquer M. Goblet, patrons et ouvriers traiteraient vraiment sur le pied de l'égalité des obligations et des droits et, ajoutons-le, des responsabilités.

Que les travailleurs n'hésitent donc pas à réclamer un contrat précis et sans équivoque ! En se liant ainsi les mains pour toutes les grèves intempestives et abusives, ils donneront plus de force morale à leurs justes revendications. Et si, leur engagement terminé, il leur est encore nécessaire de refuser leur travail pour imposer leur volonté, ce que personne ne songe à leur contester, leur *grève* dans ce cas, si l'on tient à ce mot, deviendra une grève idéale, purifiée, se mouvant dans le respect des droits de tous, sans injustice et sans animosité.

Alors, mais alors seulement, le conflit ne sera plus irréductible, et pour le grand bien des uns et des autres, pourront intervenir les arbitrages, les chambres permanentes de conciliation, toutes les tentatives légales ou spontanées d'apaisement.

La libre initiative des patrons et des ouvriers devrait suffire à amener cette réforme ; cependant tant de passions, tant d'équivoques, de si déplorables égarements ont, à ce point, obscurci la notion des intérêts respectifs et le sentiment de la justice que ce ne sera point trop de l'exemple et de la force de la loi pour les relever et les assurer.

La proposition de loi de M. Goblet s'impose donc aux votes du Parlement. Il faudra la voter, nous semble-t-il, même avec son principe obligatoire qui n'a rien d'excessif et se justifie par la même raison supérieure d'ordre public qui a inspiré bien des lois récentes : la loi sur la réduction des heures de travail des femmes et des enfants, l'organisation des caisses de retraite, etc.

D'ailleurs, sans aller aussi loin, il suffirait de l'imposer aux grandes industries, et comme presque toutes sont des industries de concession ou de monopole, mines, chemins de fer, manufactures de l'Etat, etc., celles précisément où les grèves sont le plus fréquentes et paraissent les plus dangereuses, il ne saurait y avoir de difficulté. Ces dernières serviraient d'exemple aux autres, et, à raison de leur tranquilité, ne tarderaient pas à devenir, comme on les appelait jadis, des industries *modèles*...

CONCLUSION

Raffermir le respect du contrat de travail, et, pour cela, l'organiser et le préciser dans la loi, rendre celle-ci obligatoire, tel est le but certain.

Oui, mais de quel droit faire voter la loi, l'imposer, la faire exécuter, s'il existe un droit de grève ?

On ne respecte pas ce que l'on a le droit de violer, on ne bâtit pas un droit avec les débris d'un autre, et il n'est point d'obligation là où il y a faculté.

Il est donc nécessaire de remonter, comme nous l'avons fait, à la source du mal et d'établir, tout d'abord, *qu'il n'y a pas de droit de grève.*

De ce principe, nettement proclamé, découle, par un enchaînement logique, la réforme proposée par M. Bourgeois et M. Goblet.

Hors de cette base, elle ne s'expliquerait

pas. Bien mieux, on pourrait dire que le redressement de l'opinion publique sur ce point, la condamnation morale des grèves, dispenserait de recourir à toute mesure législative.

Dans la recherche passionnée de justice, que poursuit notre siècle, le prestige d'un droit est si grand qu'il suffit d'en invoquer le prétexte pour animer et couvrir tous les désordres. Démasquez le sophisme et aussitôt cette armée, qui en tirait force et vie, demeurera impuissante et confuse comme une cohue sans drapeau.

C'est dans le *droit de grève* que les grèves puisent toute leur vitalité ; pour ne pas faire œuvre vaine, c'est là qu'il faut les atteindre, comme pour abattre l'arbre, il faut le frapper au pied.

SOMMAIRE

Rodez - Imp. & Lith. Louis LOUP, 15, rue de la Barrière

www.ingramcontent.com/pod-product-compliance
Lightning Source LLC
Chambersburg PA
CBHW071105210326
41519CB00020B/6172